SUSTAINABLE DEVELOPMENT GOALS 어린이가 꼭 알아야 할 지속가능발전목표

슬기로운 지구 생활

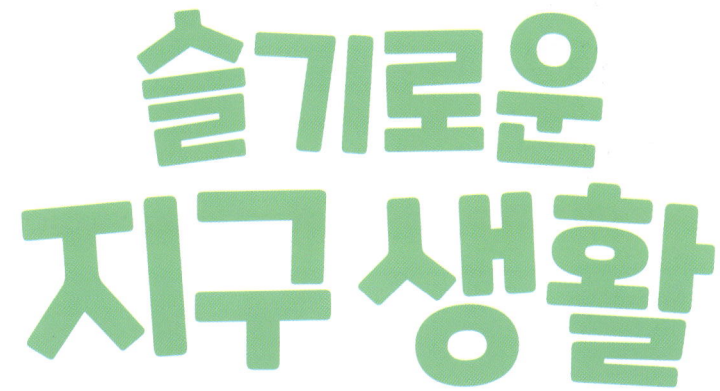

06 가난 없는 지구

글 새런 테일러 | 그림 엘리사 로치
옮김 김영선 | 감수 윤순진

다섯어린이

지속가능발전목표
다산북스는 유엔의 지속가능발전목표를 지지합니다.

2015년 유엔(UN, 국제연합)은 지구와 우리의 삶에 영향을 미치는 가장 심각한 문제들을 해결하기 위해 '지속가능발전목표'를 세웠어. '지속가능발전'이란 미래를 위해 환경을 보호하고 사회·경제적 자원을 낭비하지 않으면서 현재 우리 삶을 더 좋은 방향으로 발전시키는 것을 말해. 이를 위해 전 세계가 2016년부터 2030년까지 달성할 17가지 목표를 정한 거야. 지속가능발전목표는 국가뿐 아니라 시민 하나하나가 일상생활에서 노력해야 이룰 수 있어.

지구의 모든 사람이 가난에서 벗어나려면 어떻게 해야 할까?

슬기로운 지구 생활을 위해!

- 모든 나라의 모든 사람을 극심한 가난에서 벗어나게 하기.
- 모든 사람을 보호하는 제도를 만들고 실행하기.
- 누구나, 특히 가난한 사람이 사회보장제도의 혜택과 재정 지원을 받도록 보장하기.
- 모든 사람이 자신의 토지와 자산을 가질 뿐만 아니라 자신의 땅에서 발견되는 천연자원을 소유하고 관리할 수 있는 권리를 보장하기.
- 누구나 새로운 첨단 기술을 이용할 수 있도록 하기.
- 가난한 사람이 기후와 관련된 자연재해의 피해를 입지 않도록 보호하기.
- 경제 개발이 뒤떨어진 개발도상국이 빈곤 퇴치 정책을 만들고 실행하도록 지원하기.

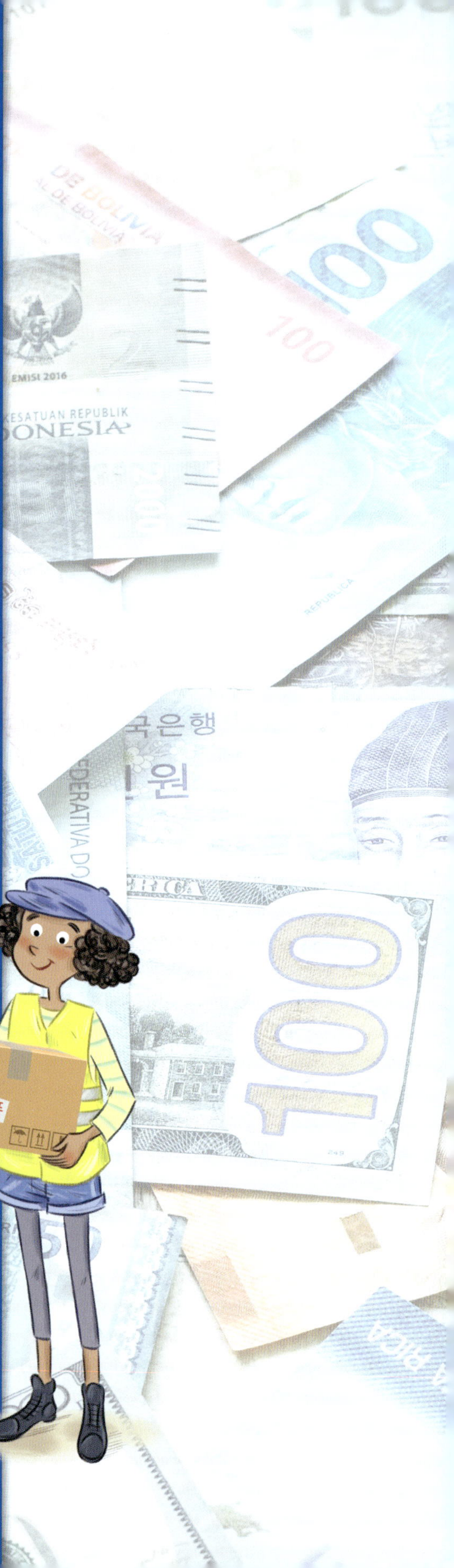

차례

6-7	빈곤층
8-9	돈이란 무엇일까?
10-11	일하는 삶
12-13	삶의 기본 조건
14-15	재난도 빈곤의 원인이야
16-17	가난으로 내모는 분쟁
18-19	사회보장제도
20-21	빈곤의 악순환
22-23	사회적 배제
24-25	소유와 빈곤
26-27	과학기술의 도움
28-29	빚과 기부
30-31	꼭 필요한 금융 교육
32	성공적인 모범 사례
33	찾아보기

빈곤층

빈곤이란 너무 가난해서 살기 어려운 상태야. 세계은행은 하루에 1.9달러(약 2,300원)가 안 되는 돈으로 생활하는 계층을 극빈층이라고 정의했어.

현재 전 세계에서 7억이 넘는 사람들이 극빈층이야. 그러니까 전 세계 인구의 약 10퍼센트가 극빈층인 셈인데, 이 가운데 절반 정도는 14세 미만 어린이지.

유엔의 지속가능발전목표 중 첫 번째 목표가 바로 전 세계에서 최대한 빨리 빈곤을 없애는 거야. 매우 가난한 사회의 사람들이 더 나은 삶과 건강을 누리고 교육 기회와 취업 기회를 얻을 수 있도록 돕는 것, 이것이 바로 유엔의 목표란다.

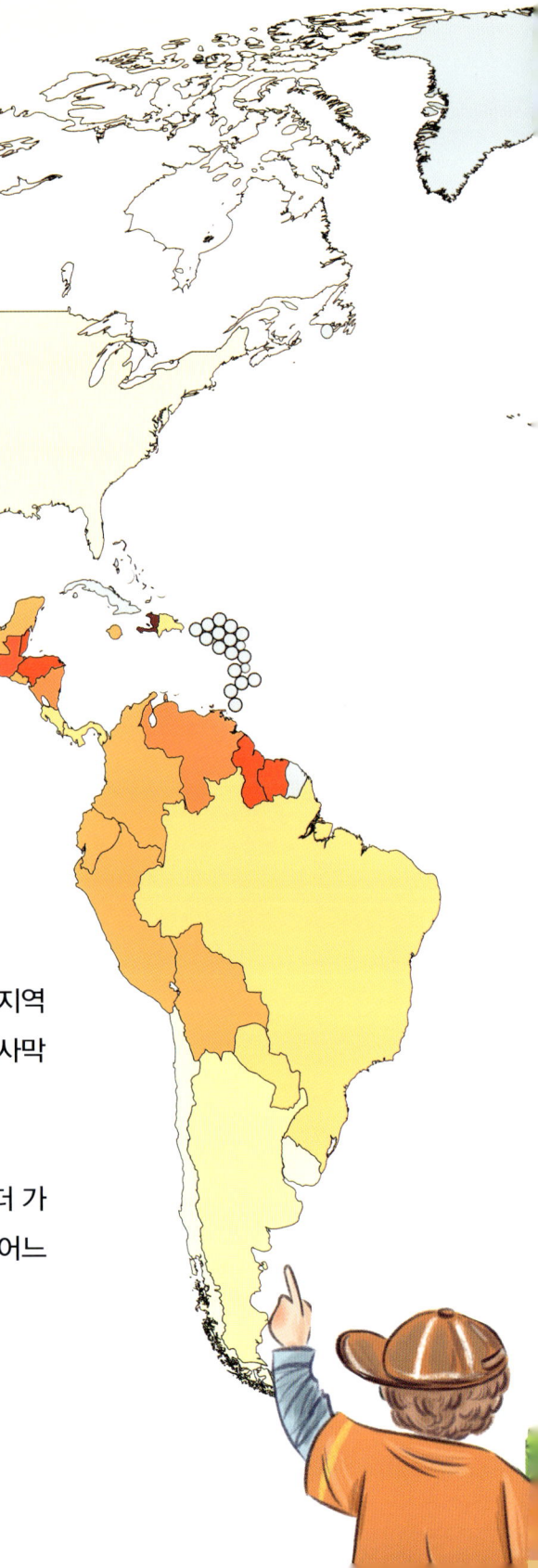

세계에서 가장 가난한 지역은 남아시아와 사하라사막 이남 아프리카야.

특히 시골이 도시보다 더 가난하지. 이것은 세계의 어느 곳이나 마찬가지란다.

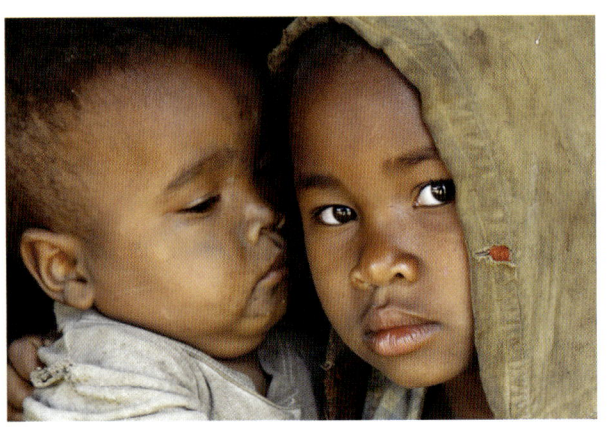

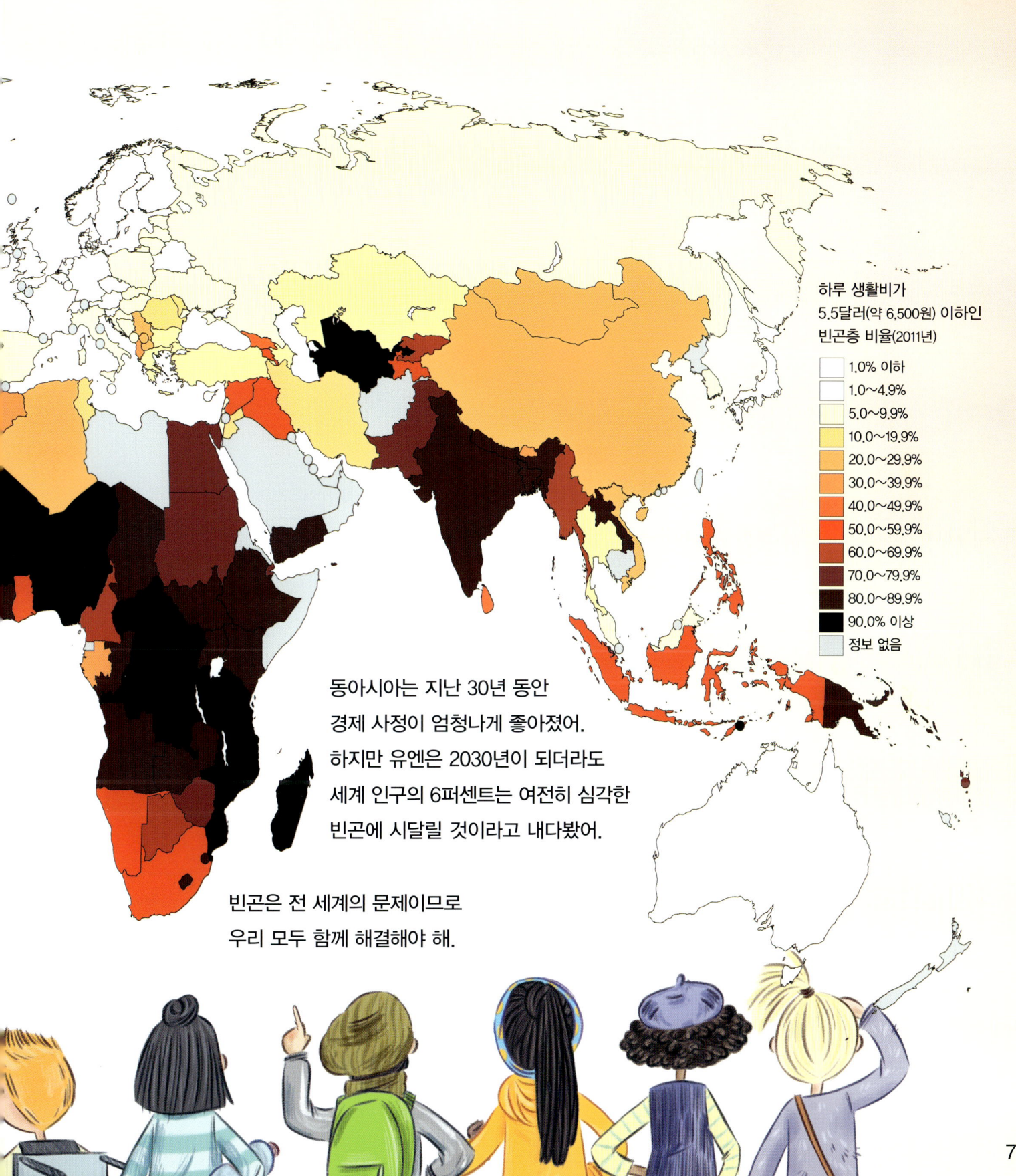

돈이란 무엇일까?

'돈' 또는 '화폐'라고 하면, 주머니나 가방, 지갑 속에 들어 있는 동전과 지폐가 떠오를 거야. 이렇게 당장 쓸 수 있는 돈을 현금이라고 하지.

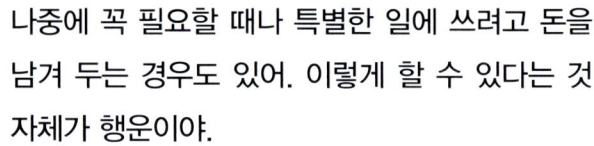

나중에 꼭 필요할 때나 특별한 일에 쓰려고 돈을 남겨 두는 경우도 있어. 이렇게 할 수 있다는 것 자체가 행운이야.

당장 써야 하는 돈이 아니라면 병이나 저금통에 넣어 두거나 은행에 계좌를 만들어 안전하게 보관할 수 있어.

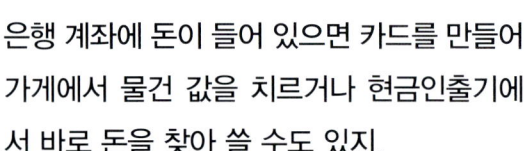

은행 계좌에 돈이 들어 있으면 카드를 만들어 가게에서 물건 값을 치르거나 현금인출기에서 바로 돈을 찾아 쓸 수도 있지.

또는 계좌 정보를 확인할 수 있는 기기에 스마트폰을 갖다 대서 물건 값을 지불할 수도 있어.

전 세계 어디에서나 돈이 사용되고 있지만, 돈의 종류와 가치는 나라마다 달라. 돈을 세는 단위도 다르지. 미국은 달러($), 일본은 엔(¥), 터키에서는 리라(₺)라는 단위를 쓰고, 대부분의 유럽 국가는 유로(€)를 사용하고 있어.

세계 주요 국가의 화폐 단위
- 한국 : 원, KRW
- 호주 : 달러, A$
- 캐나다 : 달러, C$
- 스위스 : 프랑, CHF
- 중국 : 위안, CNY
- 홍콩 : 달러, HK$
- 뉴질랜드 : 달러, NZ$
- 스웨덴 : 크로나, SEK
- 영국 : 파운드, £
- 싱가포르 : 달러, S$
- 노르웨이 : 크로네, NOK
- 멕시코 : 페소, MX$
- 인도 : 루피, ₹
- 러시아 : 루블, ₽
- 남아프리카공화국 : 랜드, R
- 브라질 : 헤알, R$

돈이 필요하지 않은 사람은 없어. 살다 보면 자동차나 옷처럼 꼭 가지고 싶거나 필요한 물건이 생기기 마련이니까.

전기 요금을 내거나 먹을 것을 살 때도 돈이 필요하지.

사람들은 대개 일을 하고 그 대가로 돈을 받아. 돈을 어디에 어떻게 쓸지는 자기가 정하는 거야.

쓸 만큼 쓰고도 돈이 많이 남는다면 부자라고 할 수 있지.

하지만 돈을 충분히 벌지 못하거나 가진 돈보다 나가는 돈이 더 많거나 돈을 한 푼도 못 벌면 문제가 생기겠지?

돈 문제가 계속되면 결국 가난해져. 빈곤은 우리 모두에게 영향을 미치는 전 세계적 문제란다.

일하는 삶

돈을 버는 가장 좋은 방법은 직업을 갖는 거야. 하지만 직업이 있다고 해서 곧바로 가난에서 벗어나게 되는 건 아니야. 실제로 2019년 통계를 보면, 직업이 있는데도 빈곤에 시달리는 사람이 전 세계적으로 7퍼센트가 넘어. 이런 현상은 계속되고 있고, 어떤 집단에서는 이 현상이 더욱 두드러지게 나타나지.

일자리의 불평등

전 세계적으로 여성이 남성에 비해 더 가난할 가능성이 크단다. 여성이 교육을 덜 받고, 일자리를 덜 갖고, 자산을 덜 소유하기 때문이야.

또 15~24세 어린 노동자가 나이가 많은 성인 노동자에 비해 심각한 빈곤에 처할 확률이 2배가 넘어.

사는 곳에 따라 버는 돈의 액수도 달라질 수 있어. 예를 들어 유럽 노동자는 아프리카 노동자보다 평균 20배나 많은 돈을 벌지.

실제로 사하라사막 이남 아프리카 국가들, 특히 나라 주변에 바다가 없는 내륙 국가의 노동자는 4명 중 1명이 빈곤 상태야. 게다가 한 사람이 벌어오는 적은 수입에 여러 가족이 의존하는 경우가 많아.

한 사람이 매월 버는 평균 소득도 나라마다 차이가 크단다.

- 모나코 : 1만 5,500달러
- 미국 : 5,500달러
- 홍콩 : 4,200달러
- 일본 : 3,500달러
- 루마니아 : 1,000달러
- 터키 : 800달러
- 태국 : 600달러
- 인도네시아 : 300달러
- 케냐 : 150달러
- 에티오피아 : 70달러
- 수단 : 50달러
- 아프가니스탄 : 40달러

노동 환경 개선 방법 셋

많은 나라들이 일하는 환경을 개선하기 위해 노력하고 있어.

1. 프랑스는 아프리카 청년들이 중소 규모의 회사를 창업할 수 있도록 '아프리카를 선택하라'라는 사업을 벌이면서 25억 유로를 지원했어. 그 결과 수천 개의 일자리가 새로 만들어졌지.

2. 서아프리카의 세네갈에는 설립자를 포함해 거의 모든 직원이 여성인 기업들이 있어. 이 기업들은 회사가 있는 지역의 여성 노동자를 많이 채용해서 지역의 경제가 발전하는 데 기여하고 있어.

3. 남아메리카와 중동, 아프리카, 아시아의 수많은 소규모 기업이 노동자의 권리를 보호할 수 있도록 재정 지원을 받고 있어. 이런 지원금 덕분에 기업은 직원에게 월급을 조금 더 주고, 기술이 약간 부족하거나 훈련을 더 해야 할 사람도 채용할 수 있지.

삶의 기본 조건

가난은 단순히 생활비가 모자란 것에서 끝나지 않고 삶의 많은 부분에 영향을 미친단다.
나라에 돈이 없으면 국민에게 의료와 교육 서비스, 물과 위생시설, 좋은 음식, 전력과 기술, 안전하고 공정한 취업 기회 등을 제대로 제공할 수 없지.

의료
- 자신과 가족의 치료비를 오로지 자기 돈으로 내야 하는 사람이 아주 많아.
- 의사나 보건소 또는 병원이 없는 곳에 사는 사람도 흔하지.
- 임신하고 출산하는 과정에서 의학적인 도움을 받지 못하는 여성도 많이 있어.
- 예방주사를 맞지 못하는 아이들의 수도 헤아릴 수 없을 정도야.

물과 위생 시설

- 전 세계 약 20억 명 이상이 안전한 식수를 제대로 공급받지 못하고 있어.
- 전 세계 약 40억 이상의 사람들이 깨끗하고 안전한 화장실 없이 살고 있어.
- 쓰레기를 안전하게 처리하지 못하는 나라도 많아.

음식

- 가난해서 건강하고 영양가 높은 음식을 사지 못하는 사람이 수십억 명이야.
- 어떤 음식이 건강하고 영양가가 높은지 모르는 사람도 많지.
- 몹시 가난한 농부들은 영양가가 풍부한 농작물을 충분히 재배할 능력이 없단다.

교육
- 전 세계 모든 아이들은 무료로 학교교육을 받아야 해.
- 15세 이상의 가난한 아이들 중 약 70퍼센트는 학교교육을 전혀 받지 못하거나 아주 기본적인 교육만 받는 수준이야.
- 기본적인 수준의 교육만 받은 사람은 일자리를 구하기가 쉽지 않아.
- 한 나라 안에 제대로 훈련받지 못한 노동자가 많을수록 임금이 낮아지는 경향이 있어.

읽기 공부

안전
- 안전하게 살 집이 없는 사람이 수백만 명이나 돼.
- 법과 제도의 보호를 제대로 받지 못하는 사회적 계층이나 공동체도 적지 않아.
- 도로와 대중교통이 엉망인 곳도 많아.

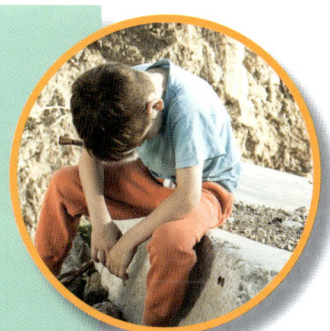

전기와 기술
- 세계인 중 약 10억 명이 전기 없이 살고 있어.
- 많은 개발도상국에서는 요리할 때 건강을 해치는 연료를 많이 사용해.
- 전 세계적으로 휴대전화와 인터넷을 제대로 이용할 수 없는 지역도 많단다.

고용
- 노동자에게 일한 만큼 공정한 대가를 주지 않는 고용주들이 적지 않아.
- 일자리를 구하지 못하는 젊은이와 여성, 미숙련 노동자(아직 일을 능숙하게 익히지 못한 사람)가 많아.
- 가난한 나라는 실업자를 위한 정책을 펼 힘이 부족하지.

한 나라 안에 이런 기본 조건들이 잘 갖추어져 있어야 국민도 비로소 빈곤에서 벗어날 방법을 찾을 수 있어.

재난도 빈곤의 원인이야

재난도 빈곤의 원인이 될 수 있어. 재난에는 홍수나 태풍, 산불, 가뭄 같은 자연재해도 있고, 말라리아나 폐결핵 같은 질병도 있어.

나라가 가난하면 정부에 여윳돈이 없기 때문에 재난이 발생해도 국민에게 큰 도움을 주지 못해. 그러면 자선단체의 도움에 기댈 수밖에 없지.

 ## 빈곤의 이유

재난은 대부분 극단적인 기후 현상 때문에 발생하는데, 가장 가난한 나라들이 가장 큰 피해를 입곤 하지. 가난한 나라에는 사회를 보호하고 피해를 복구할 돈이 부족하기 때문이야. 전 세계의 가난한 사람 중 1억 3,000만 명 이상이 주기적으로 홍수가 발생하는 지역에 살고 있어.

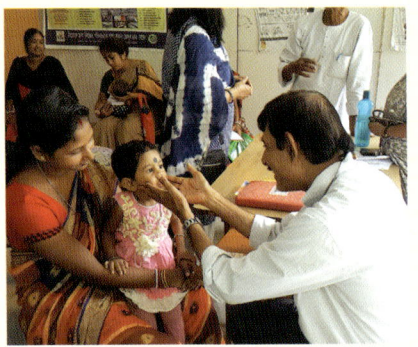

몸이 아프면 일을 할 수 없기 때문에 질병이 빈곤의 원인이 되기도 해. 때로는 자신이 건강해도 가족 중에 환자가 생기면 돌봐야해서 일을 잠시 쉬거나 아예 그만둬야 하지.

가난한 나라들은 의료에 쓸 돈도 충분하지 않아. 그래서 아픈 사람이 더 많을 뿐만 아니라 같은 병에 걸려도 더 오래 앓게 되지. 이것은 더 심한 빈곤으로 이어진단다.

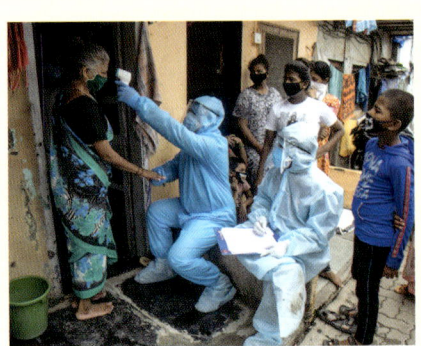

1990~2015년 사이 가장 가난한 계층인 극빈층은 36퍼센트에서 10퍼센트로 줄었어. 유엔이 세계의 빈곤을 없애려 노력한 덕분에 엄청난 성과를 거둔 거야. 하지만 그 뒤로 이런 긍정적인 변화의 속도가 느려졌어. 코로나19가 전 세계로 퍼지기 시작한 2020년부터 가난한 사람의 수가 다시 증가했거든. 코로나19는 지난 30년 동안 이룬 것을 물거품으로 만들지도 몰라.

재난을 극복하기 위한 노력 셋

가난한 나라들은 재난을 당하면 복구할 여력이 부족하기 때문에 국제 자선단체의 도움이 필요해.

1. 방글라데시는 기후와 관련된 재난을 가장 많이 겪는 나라야. 하지만 전 세계의 도움으로 재난이 발생한 초기에 사람들에게 알리는 경보 체계가 많이 개선될 수 있었어. 사람들은 이제 태풍이나 해일, 홍수가 닥치기 전에 미리 알고 대비해서 자신을 보호할 수 있단다.

2. 인도에는 너무 가난해서 병원비를 낼 수 없는 사람이 무척 많아. 그래서 인도 정부는 '라자스탄 의료체계 발전사업'이라는 특별한 정책을 시행했지. 그 덕분에 사회적으로 보호가 필요한 사람들이 더 좋은 의료 서비스를 받고 병원을 자주 갈 수 있게 되었어.

3. 코로나19 때문에 2020년에만 추가로 8,800만 명 이상이 극빈층으로 내몰렸어. 가난한 100여 개 국가는 필수 의료 장비와 물자를 구할 자금이 부족해 전염병으로부터 더 많은 피해를 입을 수밖에 없었어.

가난으로 내모는 분쟁

의견의 차이가 크면 분쟁, 즉 큰 다툼으로 이어지기도 해. 분쟁은 나라와 나라 사이에서도, 지역과 지역 사이에서도 일어날 수 있어.

분쟁은 보통 정치적인 이유로 일어나지만, 작은 지역 사회에서는 사회적 쟁점이 원인인 경우도 있어. 분쟁은 빈곤을 낳기도 하는데, 그렇게 되면 사람들 사이에 스트레스와 긴장이 올라가 결국 물리적인 충돌로 발전할 수도 있어.

 ## 전쟁과 분쟁

전쟁이 일어나면 많은 사람이 위험에서 벗어나기 위해 집을 버리고 피난을 떠나. 전쟁 지역을 완전히 빠져나와 안전한 난민 수용소에 들어갈 수도 있지. 하지만 하루아침에 집과 직업을 잃은 사람들은 곧 극심한 가난을 겪을 수밖에 없단다.

총과 장갑차, 폭탄 같은 무시무시한 무기를 쓰는 폭력적인 분쟁도 일어나고 있어. 무기는 건물과 도로, 다리를 부수고 전기와 의료, 상하수도, 위생 시설처럼 사람이 사는 데 꼭 필요한 사회의 기반 시설을 무너뜨리지.

전 세계 빈곤층의 40퍼센트 이상이 분쟁이나 전쟁의 영향을 많이 받는 지역에 살고 있어. 그리고 이 비율은 앞으로 더 늘어날 거야. 10년 넘게 이어진 시리아 내전은 전 국민의 83퍼센트 이상을 아주 심한 빈곤으로 내몰았어.

한 번 더 생각해 보기

한 나라가 전쟁이나 분쟁이 끝난 후에 원래 모습을 되찾기까지 최소 14년이 걸린대. 하지만 보통 사람이 일상을 되찾으려면 더 오랜 시간이 들어. 전쟁이 일어나면 많은 사람이 직업을 잃고 힘겹게 새 일자리를 찾아야 해. 가족 중 유일하게 돈을 벌던 사람이 일자리를 잃으면 가족 전체가 금세 빈곤에 빠지고 말 거야. 게다가 노인과 장애인, 남편을 잃고 혼자 사는 여자, 부모를 잃은 어린이처럼 사회적 보호가 필요한 취약 계층에게 평소 제공되던 지원도 쉽게 끊기지.

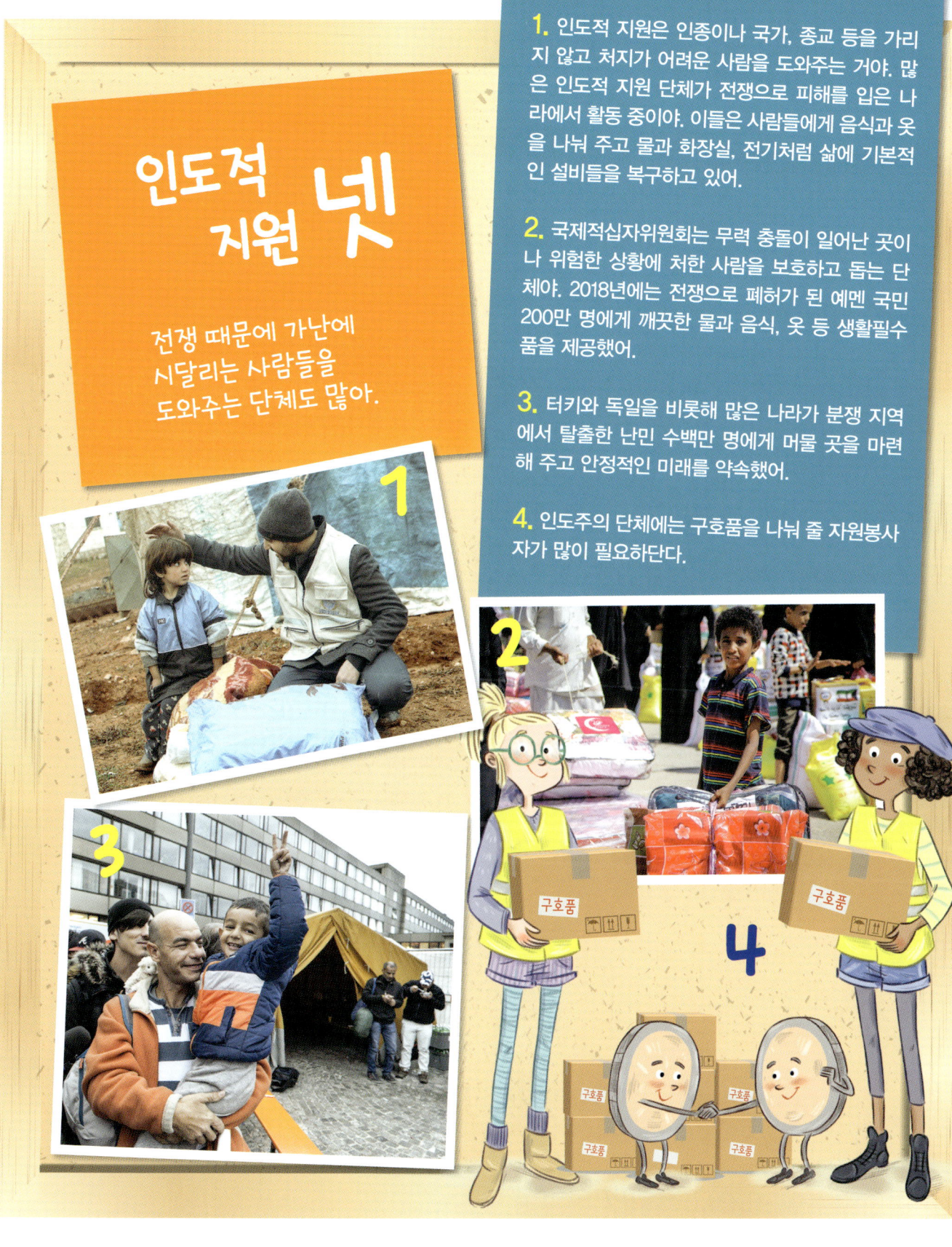

인도적 지원 넷

전쟁 때문에 가난에 시달리는 사람들을 도와주는 단체도 많아.

1. 인도적 지원은 인종이나 국가, 종교 등을 가리지 않고 처지가 어려운 사람을 도와주는 거야. 많은 인도적 지원 단체가 전쟁으로 피해를 입은 나라에서 활동 중이야. 이들은 사람들에게 음식과 옷을 나눠 주고 물과 화장실, 전기처럼 삶에 기본적인 설비들을 복구하고 있어.

2. 국제적십자위원회는 무력 충돌이 일어난 곳이나 위험한 상황에 처한 사람을 보호하고 돕는 단체야. 2018년에는 전쟁으로 폐허가 된 예멘 국민 200만 명에게 깨끗한 물과 음식, 옷 등 생활필수품을 제공했어.

3. 터키와 독일을 비롯해 많은 나라가 분쟁 지역에서 탈출한 난민 수백만 명에게 머물 곳을 마련해 주고 안정적인 미래를 약속했어.

4. 인도주의 단체에는 구호품을 나눠 줄 자원봉사자가 많이 필요하단다.

사회보장제도

빈곤을 해결하는 가장 좋은 방법은 애초에 빈곤이 생기지 않도록 막는 거야. 그래서 많은 나라가 육아나 장애, 실업 등으로 어려움에 처한 국민이 가난한 삶으로 내몰리지 않도록 지원하는 사회보장제도를 실시하고 있어.

직장을 잃은 사람에게는 실업급여를 주고, 아이를 키우는 부모에게는 양육비인 아동수당을 지급하지. 하지만 이런 사회보장의 혜택을 받는 사람은 전 세계 인구의 절반도 안 돼. 수십억 명은 정부에서 아무런 지원도 못 받고 있어.

아직 부족해

전 세계적으로 사회보장제도의 혜택을 보는 아이는 3명 중 1명뿐이야. 장애인이 혜택을 누리는 비율과 비슷하지. 실업자는 5명 가운데 1명만 도움을 받고 있어.

임신 중이거나 출산한 지 얼마 안 된 여성 가운데 40퍼센트만 정부의 지원금을 받고 있어. 은퇴자의 70퍼센트가 연금을 받지만 액수가 크지 않아서 가난하게 사는 경우가 많아.

부자 나라와 가난한 나라에서 제공하는 사회보장제도의 혜택도 차이가 많이 나지. 이것은 아동수당이 지급되는 비율만 봐도 알 수 있어.

- 유럽, 북아메리카 : 92퍼센트
- 남아메리카, 카리브해 지역 : 56퍼센트
- 동남아시아, 동아시아 : 14퍼센트
- 사하라사막 이남 아프리카 : 13퍼센트

2014년, 에볼라라는 무서운 질병이 기니에서 처음 발생한 뒤 서아프리카로 빠르게 번졌어. 2020년에는 코로나19가 전 세계적으로 대유행하는 팬데믹 상황이 되었지. 이처럼 심각한 질병이 걷잡을 수 없게 퍼지면 각 나라의 기능이 제대로 작동하지 못하고 사회보장제도가 시행되기 힘들어. 그래서 사회의 기반 시설과 돈이 부족한 개발도상국의 사람들이 특히 더 큰 피해를 입는 거야.

지구 마을 뉴스

빈곤을 줄이는 세계의 노력 셋

많은 정부와 은행, 국제단체가 빈곤을 줄이기 위해 협력하고 있어.

1. 국제통화기금(IMF)은 189개 나라가 회원국으로 가입한 국제기구야. 이 기구는 세계 여러 나라의 부와 경제 수준을 연구하면서 전 세계적으로 고용을 늘리고 빈곤을 없애는 데 앞장서고 있어. 경제 위기에 빠진 나라에게 돈을 빌려주지만 대출을 받은 나라는 돈을 갚는 데 어려움을 겪고는 하지.

2. 세계은행은 세계의 빈곤 퇴치를 목표로 삼은 국제기구야. 세계에서 가장 가난한 나라들이 기반 시설을 튼튼히 세우고 경제를 발전시키도록 도와주고 있어. 가난한 사람들을 위해 공공 의료 시설과 학교를 건설하고 깨끗한 물과 전력을 제공하는 것도 세계은행의 활동이란다.

3. 2019년 12월부터 코로나19가 퍼지자 많은 사람이 일자리를 잃으면서 전 세계적으로 빈곤층이 늘었어. 이 문제를 해결하기 위해 스페인은 빈곤층에게 매달 현금 450~1,000유로(약 61만~135만 원)를 지급했지.

빈곤의 악순환

전 세계 아동 5명 중 1명은 극심한 가난에 허덕이거나 사회적인 혜택을 못 받고 있어.

가난한 아이가 어른이 된다고 상황이 달라지는 것은 아니야. 가난의 부정적인 영향은 계속될 수 있으니까.

사실 빈곤의 악순환이 존재하는 것이 현실이야. 가난하게 자란 아이는 빈곤의 영향에서 결국 벗어나지 못한다는 이야기지. 그들이 자라서 가정을 꾸린 뒤 낳은 아이도 가난하게 살 가능성이 크기 때문에 악순환이 계속되는 거야.

따라서 모든 나라가 빈곤 아동의 문제를 해결하는 것을 가장 중요한 목표로 삼아야 한단다.

실업

일을 하지 않으면 돈을 벌 수 없기 때문에 옷이나 음식 같은 필수품도 사기 힘들지. 보살펴야 할 자녀가 있으면 가족 전체가 극심한 가난에 시달리게 돼.

힘든 노동

제대로 교육받지 못하고 기술도 없으면 어른이 되어서도 좋은 직업을 갖기가 어려워. 학교교육을 제대로 받지 못한 청년은 취직을 못하는 경우가 많아. 운 좋게 취직해도 돈을 많이 벌지 못할 가능성이 높지.

아동 노동

가난한 사람들은 시간과 장소를 가리지 않고 돈을 벌어야 해. 그래서 많은 아이들이 교육받을 기회를 놓치고 가족을 먹여 살리기 위해 일터로 내몰리고 있어. 실제로 전 세계에서 1억 5,000만 명이 넘는 아이들이 일을 하고 있어. 그것도 건강을 위협하는 나쁜 환경에서 말이야.

부실한 식생활

아이들이 제대로 성장하려면 건강한 음식을 골고루 먹어야 해. 하루의 식단에는 되도록 다양한 음식이 들어가야 하지.

- 신선한 과일과 채소
- 감자, 쌀 등 탄수화물
- 고기, 생선 등 단백질
- 귀리, 밀, 보리 등 섬유질
- 비타민과 미네랄
- 기름, 버터 등 지방

영양실조

필수영양소를 균형 있게 섭취하지 못하면 영양실조에 걸릴 수 있어. 어렸을 때 영양이 부족하면 어른이 된 다음에도 건강에 이상이 생기기 쉬워.

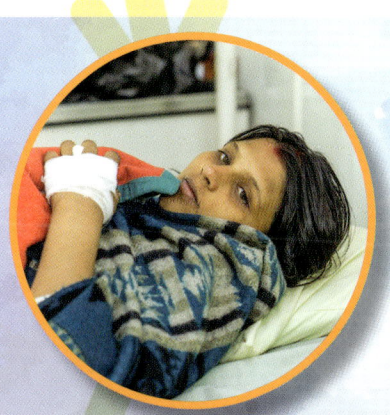

가난한 아이는 잘 먹지 못할 뿐만 아니라 몸이 아파도 제대로 치료받지 못하기 때문에 평생 후유증에 시달릴 가능성이 크단다.

학교에 가지 못하는 아이들

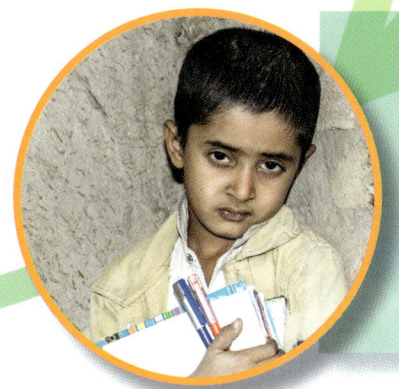

아주 가난한 나라의 아이는 학교에 못 다니는 경우가 많아. 학교가 너무 멀거나 학교에 다닐 돈이 없기 때문이야. 그리고 생활비를 벌기 위해 일을 해야 할 수도 있어. 학교에 다니더라도 학용품을 살 돈이 없으면 공부를 잘하기도 어렵고 친구를 사귀기도 힘들지.

사회적 배제

공동체는 그 안의 모든 사람이 공동체 전체의 이익을 위해 협력할 때 튼튼하지만, 불행하게도 그렇지 않은 경우가 더 많아.

차이가 차별을 낳아 어떤 사람을 공동체에서 소외시키거나 배제하기도 하지. 이를 '사회적 배제'라고 하는데, 이것 역시 빈곤의 원인이야.

 ## 사회적 배제의 나쁜 영향

사회적 배제의 영향은 공동체의 활동에서 제외되는 것으로 끝나지 않아. 공동체에서 배제되면 안정적으로 살 집을 구하지 못할 수도 있어. 또는 직장이나 사회의 기본 시설로부터 멀리 떨어진 곳에 살아야 할 수도 있지.

일정한 거주지가 없으면 일자리를 구하기가 무척 어려워. 돈을 벌지 못하면 필요한 것을 살 수 없고 가족이 학교나 병원에 가기도 힘들지.

많은 사람이 가난을 부끄럽게 생각해. 자신이 공동체의 다른 사람들과 어울릴 자격이 없다며 사회와 동떨어져 살기도 하지. 그래서 존재 자체가 잊히거나 국민을 보호하는 제도적 장치(사회 안전망)에서 벗어나서 가난 때문에 일어나는 또 다른 문제로부터 보호받을 수 없게 된단다.

한 번 더 생각해 보기

사회적으로 배제되는 사람들은 사회로부터 차별받는 소수 집단이나 소외 집단인 경우가 많아. 사람들이 흔히 차별의 근거로 삼는 '다름 혹은 차이'에는 다음과 같은 것들이 있어.

- 나이
- 문화
- 외모
- 피부색
- 교육
- 능력이나 행동
- 재산
- 어린 시절
- 성 정체성
- 인종
- 생활수준
- 성적 취향
- 종교
- 정치적 입장

모든 사람을 감싸 안는 노력 넷

사람은 누구나 자신이 속한 공동체에서 소외되지 않고 동등하게 대우받을 권리가 있어.

1. 유엔의 지속가능발전목표의 핵심은 '단 한 사람도 소외되지 않는 것'이야. 한 나라의 모든 국민이 모든 사람을 똑같이 대우하기로 약속하고, 단 한 사람도 소외시키거나 사회적 권리와 기회에서 배제하지 않도록 보장한다는 뜻이지.

2. 나이지리아에서는 사회적 혜택이 부족한 지역에 사는 여성의 삶과 일을 개선하기 위해 '여성을 위한 나이지리아 프로젝트'라는 사업을 벌이고 있어. 여성에게 직업훈련을 실시하고, 여성 노동자들이 함께 모여 서로 배우는 기회를 마련해 주는 거야.

3. 폴란드는 '그미나'라는 농촌 지역의 생활수준을 높이기 위해 '사회통합 프로그램'을 운영하고 있어. 각 지역의 지방자치단체는 농업 노동자를 비롯해 모든 사람과 가족을 보호하기 위해 여러 방법을 찾고 있지.

4. 사람은 누구나 동등하게 대우받고 공동체의 모든 활동에 참여할 권리가 있어.

모두에게 동등한 권리를!
단 한 사람도 소외되지 않도록!

소유와 빈곤

너무 가난하면 집은 물론이고 농작물이나 가축을 키울 땅 같은 자산을 거의 소유할 수 없어. 실제로 세계 시민 상당수가 땅이나 집을 갖고 있지 않아. 하지만 혼자 가지든, 공동체가 함께 소유하든 지 상관없이 사람들이 어떤 것에 대한 소유권을 갖게 되면 개개인의 삶도 나아지고 전 세계의 빈곤도 줄어들 수 있어.

 온전한 권리

집을 소유하면 안전하게 살 곳이 생길 뿐만 아니라 직업을 구하고 가족을 보호할 수 있어. 땅을 가지면 먹을 것을 스스로 생산하고 남는 농작물을 팔 수도 있지. 농작물을 키우는 사람이 많아질수록 굶주리는 사람은 당연히 줄어들 거야.

자산이 있다는 것은 생계를 더 잘 책임질 수 있고, 소득을 늘릴 기회가 생기고, 가족을 더 잘 보호할 수 있다는 뜻이야. 하지만 가난한 나라의 사람들은 자산을 갖기는커녕 그저 하루하루를 다른 사람에게 기대어 살 수밖에 없지.

자기 나라의 자원에 대한 권리를 그 국가가 온전히 갖지 못하는 경우도 있어. 아프리카에는 설탕과 코코아, 소금, 석유, 다이아몬드, 금과 은 등 천연자원이 아주 풍부한 나라가 많지만, 이런 자원이 나오는 땅에 대한 권리를 더 부유한 다른 나라가 가지고 있는 경우가 흔해. 그래서 천연자원에서 나오는 이익은 부유한 국가들이 차지하고, 땅을 소유한 국가는 여전히 빈곤에서 벗어나지 못하는 거야.

극빈층에는 남성보다 여성이 더 많아. 이것은 주로 여성이 가족을 돌보는 책임을 지는 현실과 관련 있어. 가족을 돌보느라 직업을 가질 수 없고, 일자리를 구해도 시간제나 보수가 적은 일을 할 수밖에 없지. 일반적으로 여성은 남성보다 임금이 낮고 자산이 훨씬 적어. 자기 땅을 가진 여성 농부도 전 세계 농부 중 단 13퍼센트뿐이야.

빈곤을 퇴치하는 소유권 보장 셋

좋은 빈곤 해결책에는 미래에 대한 계획이 있어야 해.

1. 유엔의 빈곤 퇴치 목표에는 누구나 자신의 토지와 재산에 대한 권리를 쓸 수 있도록 보장하는 내용이 들어 있어. 또한 자신의 땅에서 발견된 천연자원을 사용하는 권리와 자신이 세운 사업체의 재정을 관리하는 권리를 그 소유자가 갖는 것도 포함하고 있지.

2. 에티오피아에서는 세계은행이 정부와 지역사회 지도자들 그리고 지역 단체들과 함께 '지속 가능한 토지관리 사업'을 벌이고 있어. 핵심 사업 중 하나는 가난한 사람들에게 토지 증명서를 발급하는 일이야. 이 증명서만 있으면 땅 주인은 땅을 어떻게 이용할지 스스로 결정할 수 있단다.

3. 개인이 소유한 땅이 많아지는 건 지역사회 전체에도 이득이 되는 일이야. 자기 땅과 집이 있으면 자부심이 생기고 자신의 자산을 관리하기 위해 열심히 일하게 되거든. 집을 가진 사람이 자신의 집을 수리하고 관리하면 동네 전체의 생활수준도 올라가지.

과학기술의 도움

많은 사람이 과학기술을 미래로 가는 열쇠이자 여러 문제의 해결책이라고 믿고 있어. 이건 거의 모든 사람이 컴퓨터와 스마트폰, 비디오게임기 등을 가지고 있는 부자 나라에만 해당되는 말은 아니야. 개발도상국에서도 과학기술의 발전은 빈곤의 부정적인 영향을 줄이는 데 도움이 될 수 있어.

2020년 기준으로 세계에서 인터넷 속도가 가장 빠른 나라는 싱가포르야. 그리고 휴대전화용 무선 인터넷 속도가 가장 빠른 나라는 한국이지.

2021년 10월 기준으로 전 세계 인구의 62퍼센트인 약 48억 8,000만 명이 인터넷을 쓰고 있어. 하지만 여전히 많은 지역과 소외된 집단에서는 인터넷을 사용하기 어렵거나 아예 이용하지 못하는 상황이야.

컴퓨터는 엄청난 양의 데이터를 모아 저장하고, 이 데이터를 발달된 통신 기술로 세계 어디로든 빠르게 보낼 수 있어. 우리가 함께 정보를 수집하고 공유하면 세계적인 문제를 해결하는 데 도움이 될 거야.

많은 개발도상국에서는 휴대전화를 가지거나 인터넷을 이용하는 여성이 남성보다 훨씬 적어. 휴대전화 같은 기기가 있으면 일거리를 찾고 사업을 시작하거나 돈을 더 많이 벌 가능성이 커지지.

중국과 인도는 세계에서 인구가 가장 많은 만큼 인터넷 사용자도 제일 많아. 반대로 인터넷을 사용하지 못하는 사람의 수도 가장 많지.

과학기술을 이용하면 시간을 엄청나게 아낄 수 있어. 전산화된 시스템으로 물건이나 서비스를 더 빠르게 더 많이 만들어서 전달하면 비용은 줄고 수익은 늘지.

태양에너지 기술로 사람의 목숨을 구할 수 있단다. 아주 가난한 집에서는 건강을 해치는 물질이 나오는 등유로 램프를 켜는데, 태양에너지를 이용한 전구를 쓰면 건강을 지킬 수 있어.

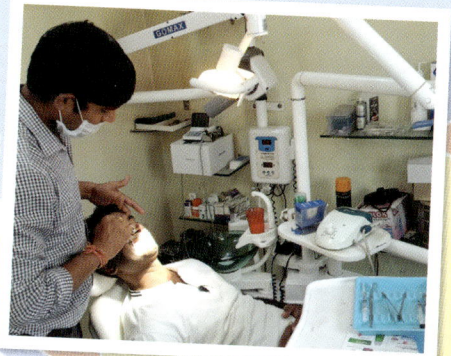

과학기술이 발전하면서 의료 서비스도 엄청나게 좋아졌고, 아주 가난한 나라에서도 그 혜택을 누리게 되었어.

인터넷을 이용하면 사업뿐 아니라 지역사회와 나라 전체의 경제 발전에도 도움이 돼. 남아프리카공화국의 마파라파라에 있는 마을 회관에 컴퓨터를 설치하자 사람들이 컴퓨터 사용법을 배우기 시작했어. 그리고 컴퓨터 사용에 점점 더 능숙해지면서 마을을 위해 더 많은 일을 할 수 있게 되었지.

온라인 쇼핑은 필요한 물건을 빠르게 살 수 있어서 인기 있는 구매 방법이 되었어. 요즘에는 대부분의 사업체가 인터넷을 통해 물건을 사고팔지.

인터넷을 사용하는 인구 비율(2015년)

- 90~100%
- 80~89%
- 70~79%
- 60~69%
- 50~59%
- 40~49%
- 30~39%
- 20~29%
- 10~19%
- 0~9%

비용 결제 역시 온라인이나 휴대전화 애플리케이션을 통해 쉽고 빠르게 할 수 있어. 그 덕분에 물건이나 서비스의 판매와 배송 속도가 아주 빨라졌지.

안타깝지만 지금도 인터넷 요금을 낼 수 없는 사람이 많아. 매우 가난한 나라 사람들도 비용이 저렴한 시스템이나 공공 와이파이를 쓰고, 중요한 디지털 서비스를 이용하기 위해 무료로 데이터를 사용할 수 있으려면 재정적인 지원이 필요하단다.

빚과 기부

국민에게 꼭 필요한 것을 모두 제공할 수 없을 만큼 재정이 넉넉하지 않은 나라는 어떻게 해야 할까? 어쩔 수 없이 더 잘사는 나라 또는 국제통화기금이나 세계은행 같은 국제기구에서 돈을 빌려야 해.

이것은 잠시 도움이 되지만 빌린 돈은 결국 갚아야 한단다. 그런데 돈을 갚는 과정에서 문제가 생길 수도 있어.

빚이 많은 나라

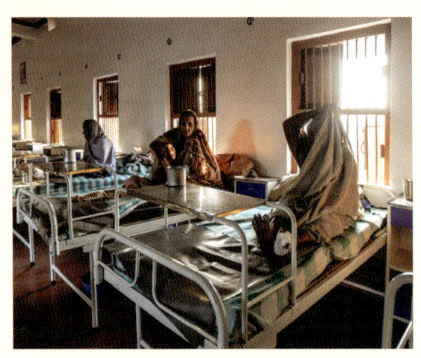

유엔이 만든 최빈국(1인당 국민소득이 낮고 빚이 많은 나라) 목록에 따르면 세계에서 가장 가난한 49개국 중 39개국은 '과다채무빈곤국'이야. 돈을 지나치게 많이 빌려서 부채 문제가 심각한 나라라는 뜻이지. 이 39개국 중 33개 나라가 아프리카에 있어.

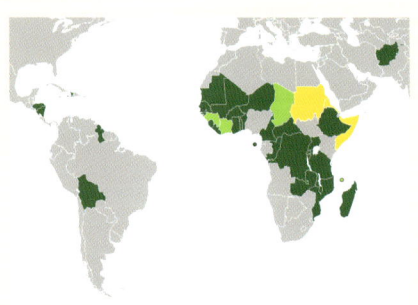

부채, 즉 빚이 많은 나라는 의료와 교육, 안전한 주거지 건설 등 국민 생활에 꼭 필요한 곳에 쓸 돈을 빚을 갚는 데 사용하는 경우가 많아. 이런 식으로 경제가 흔들리면 나라 전체가 또다시 가난의 수렁으로 빠지게 되지.

세계은행과 국제통화기금은 과다채무빈곤국의 빚을 없애 주기 위해 노력하고 있어. 여윳돈이 생기면 빚을 갚기보다 우선 국민의 빈곤과 기아(굶주림)를 없애는 정책을 시행하도록 권장하고 있지.

한 번 더 생각해 보기

세계의 빈곤을 없애기 위해 기부를 하거나 자선 행사를 열어 기부금을 마련하는 것은 어떨까?

 기부해 보자
- 돈
- 옷
- 음식
- 장난감
- 자원봉사

 한번 해 볼까?
- 자선 행사 기획하기
- 후원 행사에 참여하기
- 자선단체 홍보하기
- 기부와 자선에 계속 관심 갖기

도움의 손길 셋

가난한 나라들은 기부와 교육을 통해 빈곤에서 벗어날 수 있어.

1. 짐바브웨는 두 번이나 끔찍한 가뭄을 겪으면서 국민 400만 명 이상이 심각한 빈곤 상태에 빠졌어. '케어인터내셔널'이라는 자선단체는 짐바브웨의 7만 5,000가구에 매달 5달러씩 식량을 살 돈을 주고, 논밭에 씨를 뿌리는 파종기를 준비할 수 있도록 40~60달러씩 제공했지.

2. 2020년, 세계에서 인도적 지원을 가장 많이 한 나라는 미국으로, 무려 70억 달러 이상 기부했어. 독일도 20억 달러 이상, 영국도 10억 달러 이상 지원했지.

3. 1994년 이래 나라의 부를 늘려 최빈국 목록에서 벗어난 나라는 아프리카의 보츠와나, 카보베르데, 적도기니, 오세아니아의 사모아와 바누아투, 아시아의 몰디브 등이야. 앞으로 몇 년 안에 아시아의 부탄과 오세아니아의 솔로몬제도, 아프리카의 앙골라와 상투메프린시페도 최빈국 목록에서 제외될 가능성이 커.

꼭 필요한 금융 교육

빈곤은 전 세계적인 문제야. 잘사는 선진국도 예외가 아니지. 극심한 가난을 해결하는 방법 중 하나는 사람들에게 돈을 관리하는 법과 기초적인 금융 지식을 가르치는 거야.

이런 지식은 평생 살아가는 데 꼭 필요하기 때문에 어릴 때부터 금융 교육을 시작하는 것이 좋아. 또한 돈을 잘 관리하고 싶은 여성에게도 큰 도움이 되지.

 교육만이 살길

학교에서 맨 먼저 가르치는 것 중 하나가 수를 세는 법이야. 손가락으로 덧셈하는 것부터 시작해서 뺄셈과 곱셈, 나눗셈을 차례차례 배우지. 그런데 이런 교육을 받지 못하거나 셈에 약한 아이는 어른이 되어 돈을 관리할 때도 어려움을 겪을 수밖에 없어.

가난하게 살지 않으려면 기본적으로 돈을 관리하는 법에 대해 알아야 해. 물건 사는 법과 가격 비교하는 법, 예산을 짜는 법 등을 배워야 하지. 또한 전기나 수도 요금을 아끼는 법, 비싼 물건을 싸게 사는 법, 빚이 생기면 잘 갚는 방법도 배우는 게 좋아.

안타깝게도 교육 수준이 낮으면 이런 것들을 제대로 알기가 어려워. 그러다 보니 돈 관리를 잘못해서 빚을 지는 일이 생겨. 이런 상황을 빨리 바꾸지 않으면 빈곤에 빠질 수 있어. 이것은 어느 국가나 마찬가지야. 학교에서 금융 교육을 하지 않거나 성인 교육이 이루어지지 않으면 똑같은 문제가 발생할 수 있어.

지구 마을 뉴스

전 세계적으로 은행에 계좌가 있는 사람은 여성보다 남성이 많아. 선진국 여성 중에서도 돈에 대한 지식이 부족해 가족의 경제권을 남성에게 맡기는 사람이 흔하지. 많은 나라에서, 특히 사하라사막 이남 아프리카와 아시아에서 여성이 가정의 소득과 지출에 대해 참견하지 못하는 경우가 많아. 반면에 잘사는 집일수록 가정 경제를 여성이 관리하는 경향이 크지. 여러 이유로 매우 가난한 나라의 여성은 보통 돈에 대한 결정권이 없고 금융 지식도 무척 부족하단다.

가난을 없애는 금융 교육 셋

금융 교육을 실시하는 것이 지원이나 대출을 받는 것보다 빈곤 퇴치에 훨씬 효과적이야.

1. 일본의 중앙은행인 일본은행은 정부와 금융기관, 교육 단체의 지원을 받아 금융 교육 프로그램을 만들었어. 이 프로그램은 아이들에게 현명하게 돈을 쓰는 법과 어른이 됐을 때 수입과 지출을 관리하는 법 등을 가르쳐서 미래를 대비하도록 돕고 있어.

2. 말레이시아, 네덜란드, 영국, 뉴질랜드, 남아프리카 등 많은 나라가 아이들의 교과과정에 금융 교육을 포함시켰어. 미국은 나이를 기준으로 3단계로 나누어 10세와 14세, 18세에 금융 교육을 실시하고 있지.

3. 2010년, 유럽의 8개 나라는 '성인 학습자를 위한 금융 문해력 역량 사업'을 시작했어. 문해력은 글을 읽고 이해하는 능력이야. 이 사업은 25~60세 어른의 재정 관리 능력을 높이면서 나라 전체의 이익을 늘리는 것을 목표로 삼았어.

예산
저축
지출

성공적인 모범 사례

많은 나라가 빈곤 문제를 해결하기 위해 노력하면서 큰 성과를 거두고 있어. 그중 조지아와 나이지리아, 핀란드의 이야기를 소개할게.

조지아의 아동수당

2015년, 조지아는 유니세프(UNICEF)의 지원으로 16세 미만 청소년과 어린이에게 아동수당을 지급해 빈곤을 줄였어. 이듬해에는 15만 명이 넘는 아이에게 혜택을 주었고, 그 뒤에도 계속 지급하는 액수를 늘리고 있단다.

과학기술이 발전한 나이지리아

지난 10년 동안 나이지리아의 휴대전화 기술이 많이 발전했어. 광대역 서비스가 제공되는 지역이 2배로 늘었고, 이동통신 시스템의 절반 이상에 속도가 빠른 3G 또는 4G 기술을 적용했지. 이 덕분에 약 250만 명이 극심한 가난에서 벗어났어.

행복한 나라 핀란드

2020년, 150개가 넘는 나라에서 삶의 질을 평가하는 설문 조사를 실시했어. 사람들에게 나라의 부, 사회보장제도와 의료 체계, 전반적인 복지와 정부에 대한 신뢰 등을 평가하도록 했지. 그 결과 핀란드가 가장 높은 점수를 얻으면서 3회 연속 세계에서 가장 행복한 나라로 뽑혔어.

생활 속 실천 방법 셋

우리도 세계의 빈곤 문제를 해결하는 데 도움을 줄 수 있어.
1. 인도주의 자선단체에 기부하기.
2. 후원 행사에서 자원봉사하기.
3. 소외되는 사람이 없도록 신경 쓰기.

아직 남은 과제

다음 나라들은 해결하지 못한 문제를 위해 조금 더 노력해야 해.

칠레 : 아동 보호와 여성의 경제권 보장
아프가니스탄 : 낮은 임금
레소토 : 실업
부룬디 : 가장 빈곤한 나라
인도 : 깨끗한 물 공급

찾아보기

고용 13, 19
과다채무빈곤국 28
과학기술 26, 27, 32
국제적십자위원회 17
국제통화기금(IMF) 19, 28
금융 교육 30, 31
기반 시설 16, 18, 19
기부 28, 29, 32
난민 17
노동자 10, 11, 13, 23
디지털 서비스 27
라자스탄 의료체계 발전사업 15
빚(부채) 28, 30
사회보장제도 18, 32
사회적 배제 22
사회통합 프로그램 23
성인 학습자를 위한 금융 문해력 역량 사업 31
세계은행 6, 19, 25, 28
실업 18, 20, 32
아동 노동 20
아동수당 18, 32
아프리카를 선택하라 11
에볼라 18
여성을 위한 나이지리아 프로젝트 23
연금 18

예산 30, 31
와이파이 27
위생 시설 12, 16
유니세프(UNICEF) 32
유엔(UN) 6, 7, 14, 23, 25, 28
은행 계좌 8
인도적 지원 17, 29
인터넷 13, 26, 27
일본은행 31
임금 13, 24, 32
자산 10, 24, 25
자선단체 14, 15, 28, 29, 32
자원봉사자 17
지속 가능한 토지관리 사업 25
천연자원 24, 25
최빈국 28, 29
케어인터내셔널 29
코로나19 14, 15, 18, 19

글 | 새런 테일러
작가이자 교사로 골드스미스대학교와 데몬트포트대학교에서 공부하고, 2006년에 박사 학위를 받았습니다. 브램블키즈 출판사에서 출간한 여러 과학 책과 연극·예술 관련 책에서 작가이자 편집자, 디자이너로 활약했습니다.

그림 | 엘리사 로치
이탈리아 볼로냐에서 태어났습니다. 어릴 때부터 그림 그리기와 이야기 짓기를 좋아했고, 볼로냐의 예술 고등학교와 예술 아카데미에 다니면서 그림 기법을 닦았습니다. 현재 밀라노에서 살며 어린이 책의 삽화를 그리고 있습니다.

옮김 | 김영선
서울대학교 영어교육과를 졸업하고, 미국 코넬대학교에서 문학 석사 학위를 받았으며 언어학 박사 과정을 수료했습니다. 2010년 《무자비한 윌러비 가족》으로 IBBY(국제아동도서위원회) 어너리스트(Honour List) 번역 부문의 상을 받았습니다. 어린이와 청소년을 위한 책을 우리말로 옮기는 일에 힘쓰며 지금까지 200여 권을 번역했습니다. 옮긴 책으로 《제로니모의 환상 모험》, 《구덩이》, 《수상한 진흙》, 《수요일의 전쟁》 등이 있습니다.

감수 | 윤순진
서울대학교 환경대학원 교수이며 한국환경사회학회 회장과 지속가능발전위원회 위원장을 역임하였습니다. 환경 에너지 문제와 기후변화 문제를 환경사회학과 정치경제학적 관점에서 연구하고 있으며, 국내외 학술지에 200여 편의 논문을 게재했고 60여 권의 국영문 단행본 출간에 공저자로 글을 발표하였습니다.

슬기로운 지구 생활
06 가난 없는 지구

초판 1쇄 인쇄 2022년 5월 4일 **초판 1쇄 발행** 2022년 5월 25일

글쓴이 새런 테일러 **그린이** 엘리사 로치 **옮긴이** 김영선 **감수** 윤순진
펴낸이 김선식

경영총괄 김은영
어린이사업부총괄이사 이유남
어린이콘텐츠사업6팀장 윤지현 **어린이콘텐츠사업6팀** 강별
어린이디자인팀 남희정 남정임 이정아 김은지 최서원
어린이마케팅본부장 김창훈 **어린이마케팅1팀** 임우섭 최민용 김유정 송지은 **어린이 마케팅2팀** 문윤정 이예주
저작권팀 한승빈 김재원 이슬
경영관리본부 하미선 이우철 박상민 윤이경 김재경 최완규 이지우 김혜진 오지영 김소영 안혜선 김진경
물류관리팀 김형기 김선진 한유현 민주홍 전태환 전태연 양문현
외부스태프 편집 홍효은 디자인 러비

펴낸곳 다산북스 **출판등록** 2005년 12월 23일 제313-2005-00277호
주소 경기도 파주시 회동길 490 **전화** 02-704-1724 **팩스** 02-703-2219
다산어린이 카페 cafe.naver.com/dasankids **다산어린이 블로그** blog.naver.com/sdasan
용지 한솔피엔에스 **인쇄** 한영문화사 **제본** 대원바인더리 **코팅 및 후가공** 평창피앤지

ISBN 979-11-306-8897-8 74400 979-11-306-8891-0 (세트)

* 책값은 표지 뒤쪽에 있습니다.
* 파본은 본사와 구입하신 서점에서 교환해 드립니다.
* KC마크는 이 재품이 공통안전기준에 적합하였음을 의미합니다.

All Together : No Poverty
Copyright ⓒ 2021 BrambleKids Ltd
Korean translation copyright ⓒ 2022 Dasan Books
Korean translation rights arranged with BrambleKids Ltd through LENA Agency, Seoul.
All rights reserved.

이 책의 한국어판 저작권은 레나 에이전시를 통한 저작권자와 독점계약으로 다산북스가 소유합니다.
신저작권법에 의하여 한국 내에서 보호를 받는 저작물이므로 무단 전재 및 복제를 금합니다.